AF620085

ŒUVRES COMPLÈTES

DE

P.-J. DE BÉRANGER.

ŒUVRES COMPLÈTES

DE

P.-J. DE BÉRANGER.

TOME V.

SUPPLEMENT.

PARIS.

CHEZ TOUS LES MARCHANDS DE NOUVEAUTÉS.

1834.

CHANSONS ÉROTIQUES.

CHANSONS

DE

P.-J. DE BÉRANGER.

LA ROMANCE

DE MADEMOISELLE JUSTINE.

Air: D'un époux chéri, la tendresse. *(Adolphe et Clara.)*

L'autre jour la tendre Justine
Chantait, en courant le gibier,
Les amours du vaillant Ogier,
Qui va combattre en Palestine ;
Par ces mots cent fois répétés,
Elle interrompait sa romance :
« Montez chez moi, Messieurs, montez ;
« J'ai des appas, Messieurs, tâtez ;
« Venez, nous ferons connaissance.
« J'aurai beaucoup de complaisance,
« Beaucoup, beaucoup de complaisance. »

Par respect pour sa noble dame,
Disait Justine en roucoulant,
De la France Ogier s'exilant,
Au désespoir livre son ame;
Sa dame par ses cruautés,
Le contraint à fuir sa présence :
« Montez, chez moi, Messieurs, montez;
« J'ai des appas, Messieurs, tâtez;
« Venez, nous ferons connaissance,
« J'aurai beaucoup de complaisance,
« Beaucoup, beaucoup de complaisance. »

J'adore, hélas! ma suzeraine,
S'écrie Ogier, versant des pleurs;
J'ai fait triompher ses couleurs
Sans la voir sensible à ma peine.
Sous ses yeux chers et redoutés
Mourir était mon espérance.
« Montez chez moi, Messieurs, montez;
« J'ai des appas, Messieurs, tâtez;
« Venez, nous ferons connaissance,
« J'aurai beaucoup de complaisance,

« Beaucoup, beaucoup de complaisance. »

Mais je pars, ô dame chérie!
J'accomplis un ordre inhumain;
Pour avoir baisé votre main
Vous m'exilez de ma patrie!
De tant de soupirs rejetés
Qu'un soupir soit la récompense.
« Montez chez moi, Messieurs, montez;
« J'ai des appas, Messieurs, tâtez;
« Venez, nous ferons connaissance.
« J'aurai beaucoup de complaisance,
« Beaucoup, beaucoup de complaisance. »

Il s'embarque, et plein de sa flamme
Ogier périt dans l'Orient.
Chaque nuit un spectre effrayant
Vient baiser la main de sa dame.
De vos amans, jeunes beautés,
Ne rebutez pas la constance.
« Montez chez moi, Messieurs, montez;
« J'ai des appas, Messieurs, tâtez;

« Venez, nous ferons connaissance.
« J'aurai beaucoup de complaisance,
« Beaucoup, beaucoup de complaisance. »

LE GRAND MARCHEUR.

Air : Mirliton, mirlitaine.

Je suis un marcheur agile ;
J'ai le pied bon, le corps sain.
A la campagne, à la ville,
Jour et nuit je vais grand train.
Leste et gai, j'enfile, j'enfile, j'enfile,
J'enfile droit mon chemin.

Lorsqu'une fille nubile
Devant moi trotte à dessein,
Je cours, l'attrape, et soudain,
Leste et gai, j'enfile, j'enfile j'enfile,
J'enfile droit mon chemin.

Dans un sentier difficile,
J'avance la canne en main ;
Une pucelle indocile
Voudrait m'écarter en vain ;

Leste et gai, j'enfile, j'enfile, j'enfile,
J'enfile droit mon chemin.

Qu'un buveur, amant débile,
Marche d'un pas incertain,
Moi, pour plaire à ma Lucile,
Quoique souvent pris de vin,
Leste et gai, j'enfile, j'enfile, j'enfile,
J'enfile droit mon chemin.

Mon médecin, homme habile,
M'ordonne l'air du matin;
Que vingt tendrons à la file
Se trouvent dans mon jardin,
Leste et gai, j'enfile, j'enfile, j'enfile,
J'enfile droit mon chemin.

LE LAVEMENT,

CHANSON-PARADE.

Je suis Gilles, garçon zapothicaire chez M. Fleurant, qui demeure là zau coin vis-à-vis un cul-de-sac. On vint l'autre jour me demander un crystère pour mademoiselle Zirzabelle ; moi qui ai des vues propres sur cette demoiselle, j'apprête mon affaire ; je cours, je monte au sixième ; j'arrive sur le derrière, et j'dis : *Me v'là.*

Air : En revenant de Nivelles.

Salut, mam'selle Zirzabelle;
J' vous apporte un p'tit lav'ment;
Ça vous r'f'ra l'tempérament.
Allons, tournez-vous, mam'selle.
Elle me répond avec dédain :
Fi! Monsieur, pas tant d'raideur;
Car zamais zapothicaire

Ne verra c'que par pudeur
Z'ne fais voir qu'à ma sèr'mère.
—C'que vous m'dites là n'prouve rien;
Vous mentiez drès étant p'tite,
Drès étant p'tite.

Et puis d'ailleurs, Mam'selle, c'est pour vot' bien ce qu'on en fait : vous avez une inflammation de bas-ventre : il faut laver ça, Mam'selle; r'gardez, j'l'ai dressé exprès pour vous. Allons, prenez, prenez.

Ça vous f'ra du bien tout d'suite,
Ça vous f'ra du bien.

— Zil est par trop vrai qu'ça m'brûle;
Qu'zai besoin d'rafraîchissans.
— D'vous coucher à contre-sens
D'vez-vous donc zavoir scrupule?
— Puisqu'il l'faut, allons, me v'là;
Mais, Zilles, surtout pas d'niche;
Z' n' puis l' voir comm' j' suis là.
C'est vraiment ça qui me r'fiche.
—Tout c' qu'on f'ra s'ra pour vot' bien;

J'sis tout prêt, r'troussez-vous vite,
R'troussez-vous vite.

Pas tant de façons. Encore cette demi-aune de toile. Oh! quel beau visage, s'il avait zun nez! Cependant, zil y a de l'enflure. Il faut zopérer un dégagement. Avalez-moi ça, Mam'selle, avalez-moi ça.

Ça vous f'ra du bien tout d'suite,
Ça vous f'ra du bien.

Polisson, qu'allez-vous m'faire?
Un lav'ment ne s'met pas là.
— A la cour, aujourd'hui, v'là
Comme les dam's prenn't un crystère.
— En c'cas, au zenre de la cour
Zil est zuste que j'me conforme.
Dieu! faudrait la bouche d'un four,
Tant l'instrument est énorme!
— C'est trop d'honneur, mais l'moyen
S'rait d'vous faire la bouch' moins p'tite,
La bouch' moins p'tite.

Allons, mam'selle, élargissez les voies, et tandis que j'pousse, donnez un coup de main. Si ça passe vous êtes sauvée.

Ça vous f'ra du bien tout d'suite,
Ça vous f'ra du bien.

— Que vót' s'ringle m' paraît douce,
Mais z'redoute l's accidens.
— Jusqu'au fond v'là que j'suis d'dans;
N'craignez rien; va comme j'te pousse:
N'vous tortillez pas si fort,
Ça dérangerait mon affaire....
V'là qu'ça part. Ah! sans m'faire tort,
C'que j'vous donne n'est pas d'l'eau claire.
— Tu m'inond', oh! sacré chien!
T'as poussé l'machin trop vite,
L'machin trop vite.

Oh! mon ser Zilles, zc n'y étais pas encore. Cependant, ça m'a fait zun peu d'effet. Pour que ma guérison soit complète, redouble la dose, mon ser Zilles, redouble la dose.

Ça me f'ra du bien tout d'suite,
Ça me f'ra du bien.

J'la guéris, l'on peut bien l'croire,
Avec sept ou huit lav'mens :
A celle-là qui dit que j'mens,
Que ma s'ringle prouve c't'histoire.
Mettez la main sur vos yeux,
Puis entre vos doigts, Mesdames,
R'luquez bien l'machin curieux
Qui rend la santé zaux femmes :
La vôtre n'vaut-elle rien!
Profitez d'mon grand mérite,
D'mon grand mérite.

Voyez, Mesdames, décidez-vous; faites comme mam'selle Zirzabelle. Qu'est-ce qu'en veut? huit, dix, douze! ne boudez pas contre vot' ventre. J'suis tout prêt.

Ça vous f'ra du bien tout d'suite,
Ça vous f'ra du bien.

LA PETITE OUVRIÈRE.

AIR : A ma Margot, du bas en haut.

Ma mère avait raison, je l'vois,
Not' bonheur est au bout d' nos doigts.
Défunt' maman m' disait sans cesse :
Au bout d' tes doigts est ta richesse;
Fill' qui travaille avec honneur
S' fait soi-même son p'tit bonheur.
Quel plaisir (*bis*) je r'ssens à l'ouvrage!
Ah! j' suis tout en nage.
Ma mère avait raison, je l'vois,
Not' bonheur est au bout de nos doigts.

L' cœur à l'ouvrage, au mois d' décembre,
Sans feu j' m'enferme dans ma chambre.
Quand il gèle à claquer des dents,
J' réchauffe mes doigts sans souffler d'dans.

Quel plaisir (*bis*) je r'ssens à l'ouvrage !
  Ah ! j' suis tout en nage.
Ma mère avait raison, je l'vois,
Not' bonheur est au bout d' nos doigts.

D'beaux messieurs proposent de m'faire
Des enfans qui mourraient de misère ;
Chers enfans, par l' travail que v'là,
J' vous épargne ce chagrin-là.
Quel plaisir (*bis*) je r'ssens à l'ouvrage !
  Ah ! j'suis tout en nage.
Ma mère avait raison, j'l'vois,
Not' bonheur est au bout d' nos doigts.

Pour m'amuser d'abord j'm'occupe
D'not' boulanger zavec sa jupe ;
En jupe j'me r'présente toujours
C'garçon d'esprit v'lu comme un ours.
Quel plaisir (*bis*) je r'ssens à l'ouvrage !
  Ah ! j'suis tout en nage.
Ma mère avait raison, je l'vois,
Not' bonheur est au bout d' nos doigts.

Je m'rappelle aussi l'grand Léandre
Qui, d'vant ma fenêtre, d'un air tendre,
S' déboutonne comme un impur,
Sans s'tourner du côté du mur.
Quel plaisir (*bis*) je r'ssens à l'ouvrage!
Ah! j'suis tout en nage.
Ma mère avait raison, je l'vois,
Not' bonheur est au bout d' nos doigts.

L'ouvrièr' qui craint la satire
Doit s'chatouiller pour s' faire rire;
En travaillant ça rend l'cœur gai,
Et l'poignet seul est fatigué.
Quel plaisir (*bis*) je r'ssens à l'ouvrage!
Ah! j'suis tout en nage.
Ma mère avait raison, je l'vois,
Not' bonheur est au bout d' nos doigts.

LES CONSOLATIONS.

Air : Il était une jeune fillette
Qui n'avait pas plus d'quinze ans.

Marton, puisque ta maîtresse
M'abandonne à ma douleur,
Sur le lit de la traîtresse......
Prends pitié de mon malheur.
Va bien, va bien, ma petite,
Console-moi vite.
Sophie, en ce moment fatal,
Comble les vœux de mon rival.
Ah! Marton, malgré tes appas,
Non, non, je n'y survivrai pas!

Ce lit même où je te presse
Est témoin que l'autre jour,
D'une éternelle tendresse
Elle assurait mon amour.

Va bien, va bien, ma petite,
Console-moi vite.
Un autre lit, en ce moment,
L'entend faire un pareil serment.
Ah! Marton, malgré tes appas,
Non, non, je n'y survivrai pas!

Marton, pardonne à mes larmes,
Hélas! ton sein trop charmant
Me rappelle tous les charmes
De l'objet de mon tourment.
Va bien, va bien, ma petite,
Console-moi vite.
Ta maîtresse, à l'amant qui l'a,
En montre deux comme ceux-là.
Ah! Marton, malgré tes appas,
Non, non, je n'y survivrai pas!

Lorsque tu te mets en nage
Pour effacer tant d'attraits,
Ton adroit libertinage
Semble augmenter mes regrets.

Va bien, va bien, ma petite,
  Console-moi vite.
Aujourd'hui Sophie est, crois-moi,
Non moins indécente que toi.
Ah! Marton, malgré tes appas,
Non,non, je n'y survivrai pas!

Combien dans ses lacs perfides
J'ai fait d'efforts imprudens!
L'amour et les cantharides
M'ont cent fois mis sur les dents.
Va bien, va bien, ma petite,
  Console-moi vite.
De peur qu'on la laisse en chemin
A cette heure elle y met la main.
Ah! Marton, malgré tes appas,
Non, non, je n'y survivrai pas!

Contre le mal qui m'oppresse,
Que tes efforts sont puissans!
Il se calme, et ma tristesse
Tire à sa fin, je le sens.

Va bien, va bien, ma petite,
Console-moi vite.
Mais à ton tour tu sens combien
Mon cœur s'épanche dans le tien.
Ah! Marton, grâce à tes appas,
Je crois que je n'en mourrai pas!

L'ABBESSE D'UN COUVENT

COMME IL Y EN A ENCORE BEAUCOUP.

AIR : Pomme de reinette et pomme d'api.

Sortez vite et rentrez souvent,
Le jour baisse,
Servez votre abbesse,
Mes filles, malgré pluie ou vent,
En avant,
Pour l'honneur du couvent.

L'heure est propice,
Jeunes houris;
Que tout Paris
Vous trouve à son service.
Qu'on m'obéisse,
Vingt ans entiers
J'ai fait l'office

Dans les plus beaux quartiers.
Ne riez pas,
Oui, mes appas,
Ont mis au pas
La ville et la province.
Ducs et milords
Pleuvaient alors,
Et plus d'un prince
M'honora de son corps.

Sortez vite, et rentrez souvent,
Le jour baisse,
Servez votre abbesse;
Mes filles, malgré pluie ou vent,
En avant,
Pour l'honneur du couvent.

De votre ancienne
Apprenez l'art;
Mettez du fard
Et du rouge qui tienne.
Grosse Adrienne,

Parfumez-vous ;
Madame Étienne,
L'on voit tes cheveux roux.
Nina, ce soir,
Schall ni mouchoir,
Qu'on puisse voir
Ta gorge blanche et grasse.
Vous, Paméla,
Cachez cela,
Et qu'on vous fasse
D'autres reins que ceux-là.

Sortez vite, et rentrez souvent,
Le jour baisse,
Servez votre abbesse ;
Mes filles, malgré pluie ou vent,
En avant,
Pour l'honneur du couvent.

Que tout rapporte.
Vous serez huit
Jusqu'à minuit

De garde sur la porte.
Qu'une autre sorte
Carton en main,
Et fasse en sorte
Qu'on l'accoste en chemin.
Chez Maréchal,
J'envoie au bal,
Trois des moins mal;
Autant au Vaudeville,
Et tiens à part,
Pour maint richard,
En femme habile,
Des vierges de hasard.

Sortez vite et rentrez souvent,
Le jour baisse,
Servez votre abbesse;
Mes filles, malgré pluie ou vent,
En avant,
Pour l'honneur du couvent.

L'œil d'une fille

Juge à l'habit
De l'acabit
Des gens qu'elle émoustille.
Tout vieux qui brille
Donne aux catins;
Sans crainte on pille
Des cagots libertins.
A nos prélats
De jeûnes las,
Dieu veuille, hélas!
Rendre des bénéfices!
Quand chacun perd,
Qui paiera cher,
Hors les novices
Et quelque duc et pair?

Sortez vite, et rentrez souvent,
Le jour baisse,
Servez votre abbesse;
Mes filles, malgré pluie ou vent,
En avant,
Pour l'honneur du couvent.

L'art de complaire
A tous les goûts,
Doit parmi vous,
Être l'unique affaire.
Un mousquetaire
Va tout de bon;
Mais qu'il faut faire
De frais pour un barbon!
Vous traitât-on
Comme un giton,
Souffrez ce ton;
Chacun a son système :
Il faudrait pour
Les gens de cour,
De sexe même
Changer dix fois par jour.

Sortez vite, et rentrez souvent,
Le jour baisse,
Servez votre abbesse;
Mes filles, malgré pluie ou vent,
En avant,

Pour l'honneur du couvent.

Allez séduire
Sages et fous ;
Laissons de nous
Les duchesses médire ;
Nous pouvons rire
Nous qui plaisons ;
L'envie aspire
A perdre nos maisons.
Mais nos talens,
Plus que galans,
Sont désolans
Pour les prudes lubriques.
Rien ne nous vaut ;
Livrons assaut
Même aux pratiques
Des catins comme il faut.

Sortez vite, et rentrez souvent,
Le jour baisse,
Servez votre abbesse ;

Mes filles, malgré pluie ou vent,
En avant,
Pour l'honneur du couvent.

MADAME BARBE-BLEUE

OU L'OGRESSE.

AIR : Voilà la petite laitière.

Je suis, morbleu,
Madame Barbe-Bleu,
Tête-bleu! corbleu! ventre-bleu!

Tubleu! damoiseaux étourdis,
Redoutez-moi : je suis ogresse.
Des ogresses du temps jadis
J'ai l'appétit et la tendresse;
Jurant, sacrant comme un démon.
A ma barbe je dois mon nom.

Je suis, morbleu,
Madame Barbe-Bleu,

Tête-bleu! corbleu! ventre-bleu!

Pour bien juger de quels morceaux
Il faut que ma faim se repaisse,
Galant, qui crains les longs assauts,
Contemple cette barbe épaisse.
Sans trembler on ne peut la voir;
Elle défîrait le rasoir.

Je suis, morbleu,
Madame Barbe-Bleu,
Tête-bleu! corbleu! ventre-bleu!

Voulant vous détruire en un jour,
Petits blondins, faibles espèces,
Que Vénus batte le tambour
Et lève un régiment d'ogresses;
Pour vous faire de belles peurs
Je commanderai les sapeurs.

Je suis, morbleu,
Madame Barbe-Bleu,

Tête-bleu! corbleu! ventre-bleu!

Malgré mes appétits gloutons,
Jamais de jour qu'il ne me vienne
Des barbes de tous les cantons
Pour se mesurer à la mienne.
Barbe de prêtre, de robin,
Barbe de Turc et de rabbin.

Je suis, morbleu,
Madame Barbe-Bleu,
Tête-bleu! corbleu! ventre-bleu!

Mais, quoi qu'on fasse, je pâtis,
Et tout m'est bon lorsque je souffre.
Deux mille amans grands et petits
N'ont encor pu combler ce gouffre.
Bien d'autres non moins échauffés,
De ma barbe mourront coiffés.

Je suis, morbleu,
Madame Barbe-Bleu,

Tête-bleu ! corbleu ! ventre-bleu !

J'avalerais, sans les mâcher,
En un jour, deux abbés, trois carmes,
Les six gros garçons du boucher,
Huit portefaix et dix gendarmes ;
Quand tout un bataillon viendrait
Par ma barbe il y passerait.

Je suis, morbleu,
Madame Barbe-Bleu,
Tête-bleu ! corbleu ! ventre-bleu !

LES CULOTTES,

CHANSON EN MANIÈRE D'ORDURE,

Faite par ce polisson de Gilles, dessus mamselle Zirzabelle, qui aime à se mettre en homme, parce que ça lui fait plaisir.

Air : Tout le long de la rivière.

Zirzabelle, est-c' ben vous que j' vois?
J' vous r'connaissons à vot' minois ;
Est-c' encor' mamsell' qu'on vous nomme?
Vous voilà costumé' zen homme.
C't habit raplatit vos appas,
C' qu'aujourd'hui vous n'étalez pas!
Rien d' moins gênant zavec vous qu'une cotte.
Mamselle, ôtez donc, ôtez votre culotte :
Mamselle, ôtez donc votre culotte.

Changer de sesque c'est fort mal
Quand on n'est plus dans l' carnaval;
P't-être aussi qu' vous changez d' manière,
Et qu'aux femmes vous voulez plaire;
Ce s'rait deux bons goûts à la fois,
J' vous crois fait' pour en avoir trois.
Mais, d' queq'côté qu'on vous porte une botte,
Mamselle, ôtez donc, ôtez votre culotte;
Mamselle, ôtez donc votre culotte.

Comme l'amour rend zinconstant!
J' finis par trouver ça piquant.
Permettez que j' vous déboutonne...
Mais, jarni, ne vient-il personne?
On peut nous voir de c'te façon,
Et vous prendre pour un garçon;
Pour qu'on n' dis' pas qu' j'ai changé de marotte,
Mamselle, ôtez donc, ôtez votre culotte.
Mamselle, ôtez donc votre culotte.

Dépêchez, ou j' vais par-dessus
Vous fair' un' boutonnièr' de plus;

Mais v'là que j' vous tache, mamselle,
C'est la faute de vot' bertelle;
Plus qu' mon amour elle tenait;
Bonsoir, j'ai remis mon bonnet.
Sans étrenner, r'mettez tout dans la hotte,
Mamsell', remontez, remontez vot' culotte;
Mamselle, remontez votre culotte.

Mesdam's, la morale est mon fort;
Or donc, notre habit vous fait tort.
Ne prenez c' costume nuisible
Que pour tromper, si c'est possible,
Les homm's impurs qui sont l'effroi
Des jolis garçons comme moi.
Autrement qu'ça, dit l'saint père aux dévotes,
Mesdam's, ne mettez qu' la main dans les culottes,
Ne mettez qu' la main dans les culottes.

ARIANE ET BACCHUS,

POT-POURRI.

Air : Ainsi jadis un grand prophète.

Sur le compte de son Thésée
Qui l'abandonnait dans Naxos,
Ariane désabusée,
Faisait retentir les échos.
« Aucun homme, hélas! disait-elle,
« Ici ne se montre à mes yeux!
« Pleurons, pleurons mon infidèle,
« Je n'ai rien à faire de mieux. »

Air : Si Pauline est dans l'indigence.

« Mes regrets n'auront point de terme,
« Tout le rappelle à mon amour.

« Voici l'ombrage où tendre et ferme
« Douze fois il me fit sa cour.
« Ici par un effort superbe,
« Il usa de précaution,
« Et je crois voir encor sur l'herbe
« Les traces de sa passion. »

Air : Au coin du feu.

« Depuis que je pleure,
« Combien de fois par heure
« Ai-je bâillé!
« Mon cœur en fait la moue,
« C'est en vain que je joue
« Au doigt mouillé. »

Air : Mirliton, mirlitaine.

A ce jeu de filles sages
Elle s'amusait grand train,
Lorsqu'au loin dans ces parages
Retentit un gai refrain.

Ariane, vers la rive
Tourne un regard langoureux;
Est-ce un mirliton, dit-elle, qui m'arrive,
Est-ce un mirliton ou deux?

AIR : La pretentaine, la pretenton.

Buvons, buvons,
Le vin convie;
Nous le pouvons,
Menons joyeuse vie :
Buvons, buvons.

En débarquant dans ces lieux,
Ainsi Bacchus et sa troupe
Chantaient ce refrain joyeux
Et buvaient à pleine coupe.

Buvons, buvons,
Le vin convie,
Nous le pouvons;
Menons joyeuse vie,

Buvons, buvons.

Moquons-nous des insensés
Qui censurent nos folies ;
Satyres nerveux, dansez ;
Dansez, bacchantes jolies.

Buvons, buvons,
Le vin convie,
Nous le pouvons ;
Menons joyeuse vie,
Buvons, buvons.

Allons, guidés par Bacchus,
Nous que l'amour accompagne,
Faire à Paris des cocus
Et vendanges en Champagne.

Buvons, buvons,
Le vin convie,
Nous le pouvons;
Menons joyeuse vie,

Buvons, buvons.

Air : Mon père était pot.

Venaient des gens déguenillés
Avec tambour de basque,
Qui de vin s'étaient barbouillés
Pour plaire au dieu fantasque;
Tous, le thyrse en main,
Troussaient en chemin
De ces beautés que j'aime,
Et pour faire mieux,
Plus d'une à leurs yeux
Se troussait elle-même.

Air : Quand la mer Rouge apparut.

Près de Silène gaillard,
On voyait paraître
Maître Adam, Piron, Panard,
Et Collé, mon maître;
Mais nul, de ce joyeux corps,

Aux yeux d'Ariane alors,
Pour les airs grivois,
N'égalait en voix,
En vigueur,
En longueur,
En force d'haleine,
L'âne de Silène.

AIR : Servantes, quittez vos paniers.

Bacchus voyant qu'elle est à sec
Veut la rendre à la vie,
Par un f....., il lui dit en grec :
Belle, j'en meurs d'envie.
Elle juge, à l'air de son chef,
Qu'il n'est pas toujours aussi bref ;
Vite elle répond par un f..... :
Monsieur, j'en suis ravie.

AIR : Tout le long de la rivière.

« Es-tu pucelle ? dit Bacchus.

» — Je crois, monsieur, ne l'être plus.
» — Si je te fais cette demande,
» C'est que ma taille est forte et grande. »
La belle ne s'effrayant pas,
Dans sa barbe riait tout bas.
Et dit : « Monsieur, lorsque j'ai le teint jaune.
« J'en voudrais avoir le long, le long de l'aune,
« J'en voudrais avoir le long de l'aune. »

Air : Un rigaudon, zig-zag.

Bacchus peu propre aux longs discours,
A défait sa bretelle;
Trois fois il boit à ses amours,
Puis il fond sur la belle;
Buveurs et catins, près d'eux,
Sur l'herbe tombent par deux,
Et le père Silène,
Que Vénus secourait en vain,
Frappant sur sa bedaine,
Chantait le dieu du vin.

AIR : Le fleuve d'oubli, biribi.

Amis, Bacchus vendange,
Et pour aide, en ce jour,
Prend l'Amour ;
La grappe qu'il arrange
Dans un cuvier profond,
Touche au fond.

Vendangeurs, que le vin coule
Lorsqu'a cessé le cours
Des beaux jours
Où l'on fou...le.

Bacchus et son amante
Pressent à tours de reins
Les raisins ;
Du cuvier qui fermente,
On voit du vin qui sort
Par le bord.

Vendangeurs que le vin coule
Lorsqu'a cessé le cours
Des beaux jours
Où l'on fou...le.

Ariane abreuvée
De ce jus enivrant,
En reprend;
De cuvée en cuvée,
Bacchus fou...le plus fort,
Sans effort.

Vendangeurs, que le vin coule
Lorsqu'a cessé le cours
Des beaux jours
Où l'on fou...le.

L'HERMAPHRODITE.

AIR : Trop de pétulance gâte tout.

Admirez à la promenade
Ce petit être tant joli,
Qui près des jeunes gens est fade,
Près des dames n'est que poli.
Son teint, reluisant de pommade,
Par le carmin est embelli,
Joli petit fils, petit mignon,
Mâle ou femelle, je sais ton nom.

On le devine quand il passe,
Autour de lui l'air est ambré;
Ses cheveux bouclent avec grâce;
Son habit presse un dos cambré :
Comme une coquette un peu grasse,
Dans un corset il est serré.

Joli petit fils, petit mignon,
Mâle ou femelle, je sais ton nom.

Bien qu'au rigide honneur des dames
Il n'ait fait tort d'un iota,
Plus d'une, par ses épigrammes,
Maintes fois le déconcerta.
Il met des épingles aux femmes,
Et jamais ne leur en ôta.
Joli petit fils, petit mignon,
Mâle ou femelle, je sais ton nom.

Il est là bas à la poursuite
D'un blondin digne de son choix;
Mais un vieil ami s'en irrite,
Et l'entraîne au fond de ce bois.
L'Amour, à notre Hermaphrodite
A-t-il donné flèche ou carquois?
Joli petit fils, petit mignon,
Mâle ou femelle, je sais ton nom.

Mais de savoir comme il se nomme,

Après tout, il est un moyen,
Puisque l'un des siens eut à Rome
Les bonnes grâces d'Adrien.
Jadis, échevins de Sodôme,
Ses aïeux étaient gens de bien.
Joli petit fils, petit mignon,
Mâle ou femelle, je sais ton nom.

LA RELIQUE

DE SAINT NICOLAS,

CHANSON POUR UNE FÊTE DE GARÇONS OU SE TROUVAIENT DES FILLES.

Air du curé de Pompone.

S'il est un grand saint, moi, je crois,
Qu'après Dieu c'est le nôtre ;
Sa relique vaut mieux cent fois
Que celle d'un apôtre.
Mesdames, à juger le cas,
Votre ferveur s'applique,
Quand de saint Nicolas,
Dans vos draps,
Vous tenez la relique.

Elle est le trésor d un garçon,

Et sous les courtes-pointes
Fille lui fait son oraison
Sans avoir les mains jointes.
Que de beautés, près des béats,
Dévotes par pratique,
Du bon saint Nicolas,
Dans leurs draps,
Ont baisé la relique!

D'un tel crédit, Satan, jaloux,
Fit tant, malgré l'Église,
Qu'à peine nous sommes époux,
La relique se brise.
Avant d'en venir aux contrats,
Tendrons d'humeur pudique,
Du bon saint Nicolas
Dans vos draps,
Usez bien la relique.

Angélique épouse un mari,
Et, faisant maigre chère,
Vient un garçon jeune et fleuri,

Fort sur le reliquaire;
L'époux redevient gros et gras :
Mais qu'a fait Angélique?
Du bon saint Nicolas,
Dans ses draps,
Elle a mis la relique.

Certaine dame du grand ton,
Qui prêche l'adultère,
Parle des saints, le croira-t-on,
Comme en parlait Voltaire?
Mais, la nuit, abjurant tout bas,
L'esprit philosophique,
Du bon saint Nicolas,
Dans ses draps,
Elle prend la relique.

L'on vit, par un scandale affreux,
Bien loin de nos pensées,
Les reliques des bienheureux
En France renversées.
Mesdames, qui ne voudrait pas,

Ferme et vrai catholique,
Du bon saint Nicolas,
  Dans vos draps,
Relever la relique?

L'ORATOIRE D'UNE DÉVOTE.

AIR du roi d'Yvetot.

Malgré vous, oui, je suis entré,
Claire, et je ne puis croire
Que ce lieu, si bien décoré,
Ne soit qu'un oratoire.
Vous y priez matin et soir;
Aussi je veux, dans ce boudoir,
Tout voir.
Oh! oh! oh! ah! ah! ah!
Le joli sofa que voilà,
La, la.

Quel est ce livre à filets d'or?
Un paroissien fidèle.
Quoi! c'est l'infâme!... Ah! Claire, encor
Si c'était la Pucelle!

Ma dévote a choisi, vraiment,
Pour la mémoire, un ornement
Charmant.
Oh! oh! oh! ah! ah! ah!
Priez-vous dans ce livre-là?
La, la.

C'est en vain que vous vous fâchez;
Déroulons ces images.
Ce sont des saints que vous cachez!
Peste! les beaux visages!
Ce n'est pas le mot tout-à-fait;
Mais ces tableaux sont d'un effet
Parfait.
Oh! oh! oh! ah! ah! ah!
Tous les bienheureux que voilà!
La, la.

Que vois-je, orné d'une faveur,
Là, dans votre corbeille!
C'est un agnus?... Ah! doux Sauveur!
Sa taille est sans pareille.

C'est un.... Ma foi, c'est ressemblant,
Bien ferme, bien gros, bien coulant,
Bien blanc.
Oh! oh! oh! ah! ah! ah!
Quelle relique avez-vous là?
La, la.

Claire, on voulait nous marier;
Mais croyez-vous possible
Que mon cœur ose défier
Un rival si terrible!
Il est taillé pour vos attraits:
Combien mince je paraîtrais
Auprès.
Oh! oh! oh! ah! ah! ah!
Rendez heureux ce monsieur-là,
La, la.

LA NOURRICE.

Air : Amusez-vous, trémoussez-vous.

De Pantin j'suis la gross'nourrice,
Et chacun voit bien
Qu'il ne manque rien.
Pour vot'bien-être et pour le mien
Amusez-vous,
Trémoussez-vous,
Amusez-vous tous.
C'qui fait plaisir me rend service,
Amusez-vous tous,
Ça f'ra venir le pain chez nous.

N'craignez point pour l'lait d'la nourrice,
Louis, Pierre et l'Curé
Tous les trois m'ont juré
Qu'chacun d'eux vivrait plus r'tiré.

Amusez-vous,
Trémoussez-vous,
Amusez-vous tous.
C'qui fait plaisir me rend service,
Amusez-vous tous,
Ça f'ra venir le pain chez nous.

Quant au paiement des mois d'nourrice,
A plus d'un tendron
J'dis, montrant l'nourrisson:
C'n'est pour vous que l'prix d'la façon.
Amusez-vous,
Trémoussez-vous,
Amusez-vous tous.
C'qui fait plaisir me rend service,
Amusez-vous tous,
Ça f'ra venir le pain chez nous.

Les enfans sont l'pain d'la nourrice,
Messieurs, retenez
Qu'c'est vous qui me l'donnez;
L'pain que j'mange vous l'enfournez.

Amusez-vous,
Trémoussez-vous,
Amusez-vous tous.
C'qui fait plaisir me rend service,
Amusez-vous tous,
Ça f'ra v'nir le pain chez nous.

MISTIGRIS.

Air : C'est un lanla, landerirette.

Il est certain personnage
Qui vit gaîment dans son trou,
Qui se cache comme un sage,
Et se conduit comme un fou.
Quoique ce soit un bout d'homme,
Le beau sexe en est épris.
C'est Mistigris que je le nomme,
C'est Mistigris, c'est Mistigris.

Nos bigots en font un diable,
Mais ils l'adorent tout bas;
Les inventeurs de la fable
N'en faisaient pas moins de cas.
Le dieu qui tâtonne en route,
L'aveugle enfant de Cypris.

C'est Mistigris qui n'y voit goutte,
C'est Mistigris, c'est Mistigris.

Ses goûts n'ont rien d'équivoque,
Bien qu'on nous puisse assurer
Qu'il est sorti d'une coque
Où toujours il veut rentrer.
Mais l'hymen le vient-il prendre,
Adieu ses goûts favoris.
C'est Mistigris qu'on mène pendre,
C'est Mistigris, c'est Mistigris.

Bien tempéré par l'église,
Abélard devenu gras,
Voulut revoir Héloïse
Qui ne le reconnut pas.
Rappelez-vous nos merveilles,
Dit l'amant des plus contrits.
C'est Mistigris sans ses oreilles,
C'est Mistigris, c'est Mistigris.

Un jour, le petit profane,

Dans un féminin couvent,
Vient soulever la soutane
D'un prédicateur fervent.
Miracle! crie une mère
A l'auditoire surpris.
C'est Mistigris qui monte en chaire;
C'est Mistigris, c'est Mistigris.

L'école de notre ville
A cent médecins titrés,
Mais plus qu'eux il est habile,
Et prend ailleurs ses degrés;
Belle qu'agite un cœur tendre,
Pour voir tous vos maux guéris,
C'est Mistigris qu'il vous faut prendre,
C'est Mistigris, c'est Mistigris.

Comme la gloire l'emporte,
A la guerre il s'en ira.
Quand d'une place un peu forte,
Le siége l'achèvera,
Que son étui le repêche

Et porte ces mots écrits :
C'est Mistigris mort sur la brêche,
C'est Mistigris, c'est Mistigris.

LE PETIT BOSSU.

Air : Tu n'auras pas, petit polisson.

Petit bossu, noir et tortu,
Qui me bécottes
Et frippes mes cottes;
Petit bossu, noir et tortu,
De me baiser finiras-tu?

C'est le plus laid des sapajous;
Mais ses trésors point ne tarissent,
Et ses doigts crochus m'éblouissent
Tant ils sont chargés de bijoux.
Petit bossu, etc.

Ma taille devrait l'étonner;
Je suis grande, il en sera dupe;
Ma foi, s'il se perd sous ma jupe

Nous le ferons tambouriner.
Petit bossu, etc.

Mais entre ses dents, le furet,
A pris le bas de ma chemise;
Sur le bord du lit il m'a mise
Et grimpe sur un tabouret.
Petit bossu, etc.

Il me promet force cadeaux;
A son nez pourtant je le raille,
Et ris de voir sur la muraille
La silhouette de son dos.
Petit bossu, etc.

En dépit de ses madrigaux,
Je ressemble, je l'imagine,
A ces beaux vases de la Chine,
Qui pour couvercle ont des magots.
Petit bossu, etc.

Quelle est ma surprise aujourd'hui,

Dans ce nain je trouve un Hercule;
Faut-il qu'il soit si ridicule
D'avoir du plaisir avec lui.
    Petit bossu, etc.

Quoi! dix fois! ah! l'on s'en défend.
Peste! il est bien temps que je pense
Qu'il pourrait à sa ressemblance
Me faire un singe pour enfant.
    Petit bossu, noir et tortu,
    Qui me bécottes
    Et frippes mes cottes;
    Petit bossu, noir et tortu,
    De me baiser finiras-tu?

RECOMMENÇONS.

Air :

Je suis heureux, je ris, je chante,
Et pourtant forme des désirs ;
Dans cette fête qui m'enchante,
Je pense à de nouveaux plaisirs.
Près de blonde ou brune chérie,
Au bruit de joyeuses chansons,
Je veux qu'ici chacun s'écrie :
Recommençons, recommençons.

J'aime le vin, j'aime Lisette ;
Près de mon lit j'ai du meilleur ;
Je verse à boire à la fillette,
Et remplis son verre et son cœur,
Le doux jus plaît tant à la belle,
Que lorsque nous nous reposons :

Encore un coup, vite! dit-elle;
Recommençons, recommençons.

Recommençons fête si sage,
Mes chers amis, et pensons bien,
Qu'hélas! dans peu sonnera l'âge
Où l'on ne recommence rien.
Projetons des fêtes nouvelles
Tant que libres dans nos façons,
Nous pourrons dire avec nos belles:
Recommençons, recommençons.

NICETTE.

Air : Il était une fille.

L'innocente Nicette,
Un jour vit les doux jeux
De deux beaux pigeons amoureux ;
Qu'est-ce, dit la pauvrette,
Et que font-ils donc là ?
Puis son cœur soupira :
Ah !

Le lendemain la belle
S'approcha de Colin,
Qui de baisers couvrit son sein.
Oh ! Colin, lui dit-elle,
Pourquoi baiser cela ?
Puis Colin répéta :
Ah !

Doucement il la pousse,
Et, grâce à la saison,
Tous deux tombent sur le gazon.
Malgré le lit de mousse
On dit qu'il la blessa
Que même elle cria :
Ah !

Depuis ce temps Nicette
Craint que l'écho jaloux,
Ne répète des ah ! plus doux ;
Mais plus d'une fillette
Comme elle rougira,
Quand l'écho redira :
Ah !

LA SOURIS.

Air : Dans les gardes Françaises.

Lise, jeune et craintive
Redoute les souris ;
Une souris bien vive
Vient exciter ses cris.
Pour cause aussi légère
Le bruit me paraît fou.
Lise, laissez-la faire,
Elle cherche son trou.

Dans sa peur qui redouble,
Lise fuit, mais en vain,
La souris qui se trouble
Lui saute dans la main.
La belle, en criant, serre
Cet animal filou.

Lise, laissez-la faire,
Elle cherche son trou.

Mais l'effroi la domine,
Lise s'évanouit.
La souris libertine
Gagne alors son réduit.
Cette souris, ma chère,
Ne craint plus le matou.
Lise, laissez-la faire,
Elle a trouvé son trou.

LES MOEURS.

Air : Contentons-nous d'une simple bouteille.

Mes chers amis, respectons la décence,
Ce mot lui seul vaut presque une chanson ;
Sans équivoque, et surtout sans licence,
Je vais parler de l'amant de Lison :
Le drôle un jour, d'un ton fait pour séduire,
Lui détaillait de lubriques horreurs.
Ce qu'il disait, je pourrais vous le dire;
Mais je me tais par respect pour les mœurs.

Sachez que Lise est une fille honnête,
Qui se choqua d'un pareil impromptu;
Mais au vaurien ne vient-il pas en tête
De pénétrer le fond de sa vertu!
Sein ferme et blanc ne saurait lui suffire;
Déjà deux doigts sont en besogne ailleurs.

Ce qu'ils y font, je pourrais vous le dire;
Mais je me tais, par respect pour les mœurs.

Au bord du lit sur le nez il la pousse,
Et bravement l'attaque par le dos;
Lise indignée en sentant qu'il la trousse,
Sans doute alors se livrait aux sanglots;
Dans son cœur tendre aussitôt ce satyre
Enfonce, enfonce, un long sujet de pleurs.
Ce que c'était je pourrais vous le dire;
Mais je me tais, par respect pour les mœurs.

Long tems encor, Lison, dans sa posture,
A tours de reins se débat vivement.
On me dira que c'était par luxure;
C'est par vertu, moi, j'en fais le serment,
Or, pour six mois, sa vertu sut réduire
Le scélérat à pleurer ses erreurs.
Ce qu'il gagna, je pourrais vous le dire;
Mais je me tais, par respect pour les mœurs.

LES DEUX SOEURS,

OU

LE CAS DE CONSCIENCE.

Air : Je vous prêterai mon manchon (de Laujon).

Zoé, de votre sœur cadette,
Que voulez-vous entre deux draps?
Que sans chemise je me mette?
Fi ! ma sœur, vous n'y pensez pas.
Mais à vos fins vous voilà parvenue,
Et vous baisez ma gorge nue;
Vous me tiraillez,
Vous me chatouillez,
M'émoustillez;
Mais au fond ce n'est rien ,
Je le sens bien;
Mais au fond ce n'est rien.

Pour vous en prendre à notre sexe,
Avez-vous mis l'autre aux abois?
C'est peu que votre main me vexe,
Vous usez pour vous de mes doigts.
La tête aux pieds la voilà qui se couche;
Ciel! où mettez-vous votre bouche?
Ah! pour une sœur,
Quelle noirceur!
Quelle douceur!
Mais au fond ce n'est rien,
Je le sens bien;
Mais au fond ce n'est rien.

Rougirions-nous? je le demande,
Si nos amans pouvaient nous voir.
Pourtant il faut que je vous rende
Le plaisir que je viens d'avoir.
Je m'enhardis; car jamais, que je sache,
Je n'ai baisé d'homme à moustache,
Ah! nous jouissons,
Et des garçons
Nous nous passons.

Mais au fond ce n'est rien,
Je le sens bien;
Mais au fond ce n'est rien.

Ne croyez pas que je contracte
Ce goût déjà trop répandu,
C'est bon pour amuser l'entr'acte
Quand le grand acteur est rendu.
Ce que je crains, ô sœur trop immodeste,
C'est d'avoir commis un inceste;
Peut-être est-ce un cas
Dont nos prélats
Ne parlent pas.
Car au fond ce n'est rien,
Je le sens bien;
Car au fond ce n'est rien.

TURLUTUTU,

CHANSON ÉCRITE SOUS LA DICTÉE DE Mlle DUBUT.

AIR : Le lendemain.

Turlutu, le fifre
Des vétérans de Paris,
Veut qu'on le marque au chiffre
Du régiment des maris.
De me plaire, il est en peine;
Moi, je lui dis : M'en crois-tu?
Vas, Turlututu, rengaîne,
Turlututu.

Hier, pour une aubade,
Sous ma fenêtre il se met;
Ce plaisir assez fade,
Est le seul qu'il me promet.

Je juge à sa courte haleine,
Son instrument sans vertu.
Vas, Turlututu, rengaîne,
Turlututu.

Mais rien ne le rebute,
Il arrive ce matin.
En parlant de sa flûte,
Il veut prendre un air hautain;
Aussi fier qu'un capitaine,
Il tient mon cœur pour battu.
Vas, Turlututu, rengaîne,
Turlututu.

A la fin il se fâche,
Et veut m'épouser soudain.
Je le traite de lâche;
Il met l'épée à la main.
Mais trop de fureur l'entraîne,
Voilà mon homme abattu.
Vas, Turlututu, rengaîne,
Turlututu.

Messieurs, sans équivoque,
Ça prouve qu'en plus d'un cas,
Notre vertu se moque
D'un amant qui ne plaît pas.
A l'Amour je dis, sans gêne,
Quand son dard est trop pointu :
Vas, Turlututu, rengaîne,
Turlututu.

L'ACCOUCHEMENT,

ACCIDENT ARRIVÉ A UNE FILLE VERTUEUSE.

Air : *Je veux être un chien.*

Maman! que je souffre à l'endroit
Où décemment je mets le doigt!
Vite, il faut qu'on me déshabille!
Moi, qui tiens si fort à l'honneur,
M'arriverait-il un malheur!
Ah! foutre! ah! chien!
Non, je n'y conçois rien;
Mais j'accouche, foi d'honnête fille.

Pourtant je ne grossissais pas.
Je n'avais qu'un peu plus d'appas...
Ça complétait ma pacotille;
La vertu m'avait réussi.
Dieux!.... l'accoucheur est-il ici?
Ah! foutre! ah! chien!

Non, je n'y conçois rien;
Mais j'accouche, foi d'honnête fille.

Cela me vint-il en dormant,
Ou par l'effet d'un sentiment?
Car moi, c'est par là que je brille;
Serait-ce mon baron perclus!
Bon!.... s'il avait ce qu'il n'a plus.
Ah! foutre! ah! chien!
Non, je n'y conçois rien!
Mais j'accouche, foi d'honnête fille.

N'est-ce pas un soir que fort tard,
Sur ma porte, un galant hussard,
En passant me trouva gentille?
Il n'a tenté qu'un faible essai.....
J'étais retroussée, il est vrai.
Ah! foutre! ah! chien!
Non, je n'y conçois rien;
Mais j'accouche, foi d'honnête fille.

Ce n'est pas mon Italien;

Il m'a prouvé son goût trop bien :
Il n'aura jamais de famille.
A sa guise il était reçu....
M'a-t-il trompée à son insu!
Ah! bougre! ah! chien!
Non, je n'y conçois rien;
Mais j'accouche, foi d'honnête fille.

Vivez donc de privations!
Prenez donc des précautions!
Sans la sauce mangez l'anguille!
Beau moyen et bien éprouvé;
J'en suis pour un enfant trouvé.
Ah! foutre! ah! chien!
Non, je n'y conçois rien;
Mais j'accouche, foi d'honnête fille.

LE TOUR DE RONDE.

Air : R'li, r'lan, tambour battant.

Vot' caporal a fait sa ronde.
Mon commandan t,zil est minuit.
Sus l'rempart j'ai trouvé tout l'monde ;
Mais sachez c'qu'on y fait sans bruit :
Vous êtes curieux; j'ai d'la malice
Et j'fil' tout l'long des parapets.
R'li r'lan,
Pour voir si l'on fait bien l'service,
Et si j'pouvons dormir en paix.

D'abord j'découvrons sans lunettes,
Suzon, qu'j'entret'nais proprement;
Dans un coin ell' tient les baguettes
Des deux tambours du régiment.
De leur caisse ell' ferait l'office;

Et j'fil' tout l'long des parapets,
R'li r'lan,
Pour voir si l'on fait bien l'service,
Et si j'pouvons dormir en paix.

Plus loin, j'trouvons madam' vot' mère
Sous not' aumônier Goupillon.
J'dis : Vous bouchez un' brêch', not' père,
Par où pass'raiz un bataillon.
Craignez encor qu'l'en'mi n's'y glisse ;
Et j'fil' tout l'long des parapets,
R'li r'lan,
Pour voir si l'on fait bien l'service,
Et si j'pouvons dormir en paix.

Dans l'quartier de l'artillerie,
La manœuvre s'fait joliment.
J'voyons un' pièce bien servie,
Et j'la r'connaissons au mouv'ment....
C'est ma femme qu'est en exercice....
Et j'fil' tout l' long des parapets,
R'li r'lan,

Pour voir si l'on fait bien l'service,
Et si j'pouvons dormir en paix.

Mon commandant, j'vous vois sourire;
Mais près du château v'là qu'j'entends
Une douc' voix qui disait : « tire!
« Apprends donc la charge en douz' temps. »
C'est vot' femm' qui dresse un jeun' Suisse,
Et j'fil' tout l' long des parapets,
R'li r'lan,
J'vois qu'partout on fait bien l'service,
Et que j'pouvons dormir en paix.

LE PETIT OISEAU.

AIR : Rendez-moi mon écuelle de bois.

Quoi! vraiment, belle, vous reprochez
A l'amant le plus tendre,
Certain oiseau que, pour mes péchés,
J'ai bien voulu vous prendre!
De mes efforts, pour vous le ravir,
Votre honneur fut content, je m'en flatte!
Je l'ai pris pour vous faire plaisir :
Vous n'êtes qu'une ingrate.

A le prendre ai-je eu peine, grands dieux!
O vertu que j'adore!
Vous juriez de m'arracher les yeux,
Et quelque chose encore!
En effet, me sentant réussir,
Vous m'avez arraché ma cravate,

Je l'ai pris pour vous faire plaisir ;
Vous n'êtes qu'une ingrate.

Vous disiez qu'il inspirait la peur,
Et qu'un missionnaire,
Un cent-suisse, un cosaque, un sapeur,
N'en avaient pu rien faire :
Qu'un prélat sans pouvoir le saisir,
Avait mis bas sa robe écarlate.
Je l'ai pris pour vous faire plaisir :
Vous n'êtes qu'une ingrate.

Ma belle, disais-je, regardez
L'épaisseur du plumage,
De l'oiseau que trop bien vous gardez,
Et qui s'ennuie en cage.
Jour et nuit pour se faire élargir,
A la porte le prisonnier gratte ;
Je l'ai pris pour vous faire plaisir :
Vous n'êtes qu'une ingrate.

De votre barbe vous juriez bien

Que j'avais eu l'étrenne.
Je l'ai cru, car je n'y connais rien,
Et j'étais hors d'haleine.
Mais cet oiseau qui meurt de désir,
A la peau diablement délicate!
Je l'ai cru pour vous faire plaisir,
Vous n'êtes qu'une ingrate.

PLAINTE

PORTÉE A LA COUR DE JUSTICE, CONTRE UN HOMME SANS HONNEUR, PAR UNE FEMME DÉLICATE ET PASSIONNÉE.

AIR : Le petit mot pour rire.

Messieurs, je dénonce à la cour
Un libertin qui, chaque jour
Me fait mainte équipée ;
Quoiqu'il soit presque mon époux,
Je ne m'en plaindrais point à vous,
S'il ne m'avait (*ter*) trompée.

Mais il me trompera toujours ;
Je sais que vers d'autres amours
Il a pris sa volée ;
Lise lui vend cher ses appas,
Pourtant, je ne m'en plaindrais pas,

S'il ne m'avait (*ter*) volée.

Mais il me volera toujours;
A mon or, pour mieux donner cours,
A table il s'évertue;
Il s'enivre à tous ses repas;
Pourtant, je ne m'en plaindrais pas,
S'il ne m'avait (*ter*) battue.

Messieurs, il me battra toujours,
Mais pour le plus noir de ses tours,
Que je sois écoutée :
Infidélités, vols et coups,
Sont des torts que j'oublierais tous,
S'il ne m'avait (*ter*) ratée.

L'ANNEAU DE MARIAGE.

Air : Jeunes garçons, jeunes fillettes.
Ou : du Ballet des Pierrots.

Chantons l'anneau du mariage,
Bijou charmant, bijou béni;
C'est un meuble utile au ménage :
Par lui seul un couple est uni :
Avant quinze ans jeune fillette,
Veut que l'on pense à son trousseau,
Et qu'on lui mette, mette, mette,
Mette le doigt dans cet anneau.

Quand Joseph épousa Marie,
Le grand prêtre lui dit : Mon vieux,
Te voilà de la confrérie;
Désormais laisse faire aux cieux,
Que près du lit de la poulette,

Vienne un ange avec un moineau,
Et qu'il lui mette, mette, mette,
Mette le doigt dans cet anneau.

Voyez fille qui dans un songe
Se fait un mari d'un amant.
En dormant, la main qu'elle allonge,
Cherche le doigt du sacrement;
Mais faute de mieux, la pauvrette,
Glisse le sien dans le joyau.
Oh! qu'on lui mette, mette, mette,
Mette le doigt dans cet anneau.

Ce matin dans une chapelle,
Ce jeune époux dévotement,
A juré d'adorer sa belle
Pour prix d'un bijou si charmant.
Que dans cinquante ans il répète
A sa femme un serment si beau,
Et qu'il lui mette, mette, mette,
Mette le doigt dans cet anneau.

LES J'AI.

AIR : Il était une fille.

Un Picard franc et drôle,
De huit jours à Paris
M'aborde avec des yeux contrits :
Enfin Vénus m'enrôle,
Et mon cas est jugé.
Apprends tout ce que j'ai.
J'ai!...

J'ai vu fille agaçante
Aux yeux noirs et hardis;
Aux reins souples et rebondis;
Sa gorge est ravissante,
Son esprit dégagé,

De tout vain préjugé.
J'ai!...

J'ai d'abord à la belle
Montré ma vive ardeur,
Et de ma bourse la rondeur.
J'ai vu soudain par elle
Mon amour partagé,
Et le compte arrangé.
J'ai!...

J'ai joui de ses charmes
Au moins jusqu'à deux fois,
Et j'ai bien raté jusqu'à trois.
C'est en versant des larmes
Que j'en ai pris congé
Le cœur bien soulagé.
J'ai!...

J'ai la plus juste crainte
Depuis cet instant là.
Tiens, vois l'état où me voilà.

Vois d'une verte teinte,
Mon linge endommagé.
Ah! je suis enragé.
J'ai!...

SERMON D'UN CARME.

SEUL MANUSCRIT TROUVÉ DANS L'UNE DES MAISONS DE CET ORDRE, QU'ON DEVRAIT S'EMPRESSER DE RÉTABLIR. AINSI SOIT-IL.

AIR : Chantons lætamini.

Un carme à ses ouailles,
Tous gens de goûts suspects,
Disait : Corbleu! canailles,
Vos péchés sont infects,
Eh! fi! fi! fi! fi! fi!
Est-ce ainsi qu'on vous fit?

O Bulgares! vous êtes
Atteints et convaincus
De faire des cornettes
Et jamais de cocus!

Eh! fi! fi! fi! fi! fi!
Est-ce ainsi qu'on vous fit?

Vous tombez dans le schisme,
Et c'est en vérité,
Prendre le paganisme
Par le vilain côté.
Eh! fi! fi! fi! fi! fi!
Est-ce ainsi qu'on vous fit?

Du ciel vos goûts étranges,
Font votre exclusion.
Vous perdriez les anges
De réputation,
Eh! fi! fi! fi! fi! fi!
Est-ce ainsi qu'on vous fit?

Avec vous, fille sage,
Perdant ainsi son droit,
Fait de son pucelage
Une bague à son doigt.
Eh! fi! fi! fi! fi! fi!

Est-ce ainsi qu'on vous fit?

Qui ne juge aux harangues
Des Sapho de nos jours,
Que ces mauvaises langues
Font la guerre aux amours?
Eh! fi! fi! fi! fi! fi!
Est-ce ainsi qu'on vous fit?

Quand vous fuyez ces dames,
Seul, que ne puis-je, hélas!
Suffire à tant de femmes?
Je ne vous dirais pas:
Eh! fi! fi! fi! fi! fi!
Est-ce ainsi qu'on vous fit?

Si des feux de Gomorrhe
Rien ne peut nous sauver,
Qu'en moi Dieu voie encore
Un homme à conserver.
Eh! fi! fi! fi! fi! fi!
Est-ce ainsi qu'on vous fit?

LES PICARDS.

AIR : La Marmotte a mal au pied.
Ou : Le pas redoublé.

Célébrons les Picards têtus,
Ennemis de la fraude ;
On sait qu'ils ont maintes vertus,
Et la tête fort chaude.
Qu'un tendron leur lance un regard,
Passent-ils jamais outre?
Vive un Picard, vive un Picard,
Quand il s'agit de tête.

Un peuple boit, un autre rit,
Tout Parisien s'amuse.
Honneur au Gascon pour l'esprit,
Au Normand pour la ruse!
Chacun a son mérite à part,

Ne dites point que j'outre ;
Vive un Picard, vive un Picard,
Quand il s'agit de tête.

Que de moines, que de soldats,
A vus naître la Somme;
Sur ses bords brillent mille appas
Faits pour échauffer l'homme,
On y fait bâtard sur bâtard,
En buvant à pleine outre.
Vive un Picard, vive un Picard,
Quand il s'agit de tête.

Mars, selon des auteurs connus,
Naquit en Picardie;
Et cent fois y vit par Vénus,
Sa valeur enhardie.
Elle criait lorsque son dard,
Perçait tout d'outre en outre;
Vive un Picard, vive un Picard,
Quand il s'agit de tête.

SANS DESSUS DESSOUS,

OU

TOUTES CES DAMES.

AIR : Non, point de pardon.

LES DEMOISELLES DU PALAIS-ROYAL.

Gai, gai, l'on est chez nous
Toujours en fête,
Et cul par dessus tête;
Gai, gai, l'on est chez nous
Toujours en fête
Et sans dessus dessous.

Du dieu des folies,
Prêtresses jolies,
Nous passons gaîment

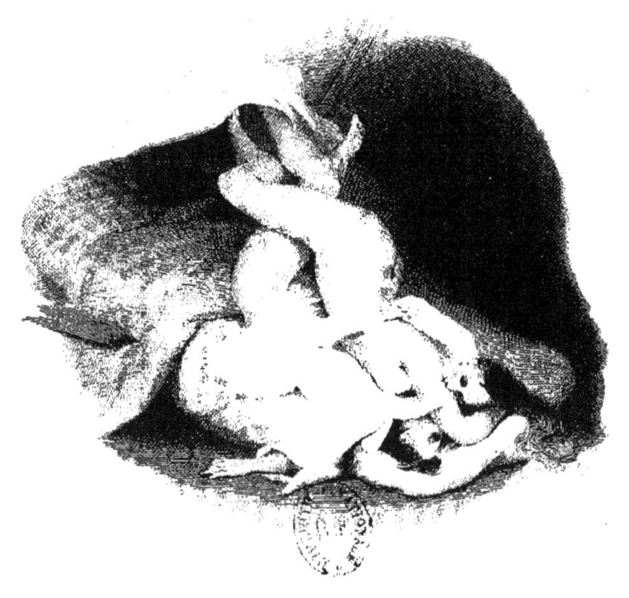

D'amant en amant;
Et, sans qu'on en raille,
De plume ou de paille,
Nos lits font toujours
Litière aux amours.
Gai, gai, l'on est chez nous
Toujours en fête,
Et cul par dessus tête;
Gai, gai, l'on est chez nous
Toujours en fête
Et sans dessus dessous.

LES VIEILLES COQUETTES.

Nous, vieilles coquettes,
Cachons nos lunettes,
Mettons avec art
Du rouge et du fard.
Craignons que notre âge
N'ôte le courage
A nos freluquets,
Et même aux laquais.

Gai, gai, payons chez nous,
Pour vivre en fête
Et cul par dessus tête;
Gai, gai, payons chez nous,
Pour vivre en fête
Et sans dessus dessous.

LES DÉVOTES.

Nous, pauvres dévotes,
Que nous sommes sottes;
L'enfer soulevé
Rit de nos *ave*.
Qu'ils auraient de charmes,
Si de cœurs de carmes,
Jésus nous voulait
Faire un chapelet.
Gai, gai, ne vivrons-nous
Jamais en fête
Et cul par dessus tête?
Gai, gai, ne vivrons-nous
Jamais en fête

Et sans dessus dessous.

LES PETITES FILLES.

Nous, tendres poulettes,
Qui cousons seulettes,
Loin de nos mamans,
Lisons des romans.
Jetons nos aiguilles;
Mais, adroites filles,
Pour chasser l'ennui,
Gardons notre étui.
Gai, gai, nous verrons-nous
Bientôt en fête
Et cul par dessus tête?
Gai, gai, nous verrons-nous
Bientôt en fête
Et sans dessus dessous.

LES FEMMES HONNÊTES.

Pour nous, femmes sages,

Hors de nos ménages,
Il faut jouer peu,
Ou tricher au jeu.
Tricher! quelle gêne!
On conçoit sans peine,
Quand on est expert,
Tout ce qu'on y perd.
Gai, gai, quand vivrons-nous
Toujours en fête
Et cul par dessus tête;
Gai, gai, quand vivrons-nous
Toujours en fête
Et sans dessus dessous.

LES DEMOISELLES.

Fi de ces bégueules;
Messieurs, chez nous seules
Rien n'est défendu
Et rien n'est perdu.
Arrive qui plante,
La place est brûlante;

Par dessus les ponts
Jetons nos jupons.
Gai, gai, l'on est chez nous
Toujours en fête,
Et cul par dessus tête;
Gai, gai, l'on est chez nous
Toujours en fête
Et sans dessus dessous.

L'INCRÉDULITÉ DES FEMMES.

Air de la pipe de tabac.

Ah! Madame, qu'allez-vous croire?
Dès l'abord mon coursier s'abat.
Quand vous me cédez la victoire,
Je tombe, et suis hors de combat.
Mais cet accident qui m'arrive
Pour ma tendresse parle bien :
C'est l'effet d'une ardeur trop vive.
—Non, non, monsieur, je n'en crois rien.

Si mon air défait vous indigne,
Songez que c'est votre vertu
Qui, par sa résistance insigne,
M'a donné cet air abattu.
Naguère, mon cœur tout de flamme,
Avait bien un autre maintien;

Vous l'avez dû sentir, madame.
—Non, non, monsieur, je n'en crois rien.

Je ne suis ni lâche ni traître;
Voyez, et jugez entre nous
Si j'ai tout ce qu'il faut pour être
Tout ce qu'on doit être avec vous.
Envers moi loin d'être économe,
Nature m'a traité fort bien :
Daignez donc me croire honnête homme.
—Non, non, monsieur, je n'en crois rien.

Mais l'amour arrive à mon aide,
Plus de plainte, plus d'air moqueur,
Je pousse un argument plus raide
Qui pénètre au fond de ton cœur.
Crois que je suis tendre et sincère,
Que tu ne dois douter de rien;
Crois enfin que j'ai tout pour plaire.
—Ah! mon ami, je le sens bien.

LA BOITEUSE.

Air : En revenant de Bâle en Suisse.

Qu'elle est gentille, la boiteuse
Qui, marchant hier devant moi,
Avec une grâce amoureuse,
Tortillait, vous savez bien quoi.
Boiteuse gentille,
J'y mettrai du mien ;
Tortille, tortille,
Tortille-toi bien.

Elle a la peau douce et tendue,
Et déployant d'heureux contours,
Sa croupe agaçante et dodue,
Semble faire signe aux amours.
Boiteuse, etc.

L'abordant de façon adroite,
Je lui dis ces mots si connus:
Ce n'est qu'avec femme qui boite,
Qu'on sent tout le prix de Vénus.
Boiteuse, etc.

Pour un tendron qui se trémousse,
Maint objet que nous attaquons,
Veut que dix fois notre vin mousse
Et n'ose agiter les flacons.
Boiteuse, etc.

Comme elle est tendre et bonne fille;
Je puis, au premier coup de main,
Juger avec quelle béquille
Elle a fait le plus de chemin.
Boiteuse, etc.

De plaisir j'ai l'âme enivrée,
Et je conclus, d'après mes goûts,
Qu'autrefois dame Cythérée
Boitait non moins que son époux.

Boiteuse gentille,
J'y mettrai du mien ;
Tortille , tortille ,
Tortille-toi bien.

LA MARRAINE.

AIR : J'ai vu la boulangère.

Marraine, qui nous instruisez
Dès qu'au monde nous sommes;
Rien qu'à l'tenir, vous qui prisez
L'cœur de Messieurs les hommes,
J'suis en âge d'avoir un amant,
Dites-moi donc, ma marraine,
Comment,
Comment qu'y faut qu'je l'prenne?

J'vois deux morveux qui m'font la cour,
Se frotter à ma jupe;
L'un a l'nez long, l'autre a l'nez court,
Et c'est là c'qui m'occupe;
Ces deux morveux sont bien tournés,
Dit's-moi donc, ma marraine,

Est-ce au nez,
Au nez qu'y faut qu'je l'prenne?

L'un est un brun, bien dru, bien droit,
Plein d'esprit et d'bravoure;
Otez-lui la main d'un endroit,
Dans un autre il la fourre;
Dru comme il est, j'aurais d'son cru;
Dit's-moi donc, ma marraine,
Est-c'le dru,
Le dru qu'y faut que j'prenne?

L'autre est un roux, dur et sournois,
Tout frais v'nu d'sa province,
Qui n'me fait rien qu'en tapinois,
Qui m'chatouille et qui m'pince;
Dur comme il est, c'est un homm'sûr;
Dit's-moi donc, ma marraine,
Est-c'le dur,
Le dur qu'y faut que j'prenne?

L'un n'est pas plus haut que cela,

Mais y n'lui faut point d'aide ;
Quand je l'tiens dans ces cinq doigts là,
Jarni, comme il est raide!
Tout p'tit qu'il est, y m'divertit ;
Dit's-moi donc, ma marraine,
Est-c' le p'tit,
Le p'tit qu'y faut que j'prenne?

L'autre est si gros que je n'crois point
Que par ma porte il passe ;
Mais rien n'lui va comm'l'embompoint,
Car jamais y n'se lasse ;
Gros comme il est, ça n'a point d'os ;
Dit's-moi donc, ma marraine,
Est-ce l'gros,
Le gros qu'y faut que j'prenne?

Le choix vous semble embarrassant,
J'en juge à vot'silence ;
Vot'filleule a l'cœur innocent!
C'est pour ça q'uell'balance.
Peur de faire un choix hasardeux,

Dites-moi donc, ma marraine,
Est-c'les deux,
Les deux qu'y faut que j'prenne?

L'ANTI-PHILOSOPHE,

ROMANCE DÉDIÉE AUX NOUVEAUX CONVERTIS.

AIR : Comment goûter quelque repos ?

La grâce enfin touche mon cœur,
Je me retire aux Camaldules ;
Des libertins, des incrédules,
J'y braverai l'esprit moqueur.
Malgré mes tristes catastrophes,
Chrétiens, soyez-en convaincus,
Je vais prier pour les cocus,
Les catins et les philosophes.

O vous! qui blamez mes douleurs,
Sachez que j'adorais Sophie ;
Le goût pour la philosophie
A seul causé tous mes malheurs,

Elle ne faisait point ses pâques
Et sans cesse philosophait.
Depuis peu, même elle avait fait
Un frère aux enfans de Jean-Jacques.

Un matin j'obtins par trois fois,
Le prix de l'ardeur la plus pure,
En lui parlant de la nature
Tout comme en parle un bon bourgeois.
Mais cette fille trop pensante,
Qu'amour d'innover consumait,
Prit le dessus, tant elle aimait
La philosophie agissante.

Que cette manière a d'appas!
Qu'à ce jeu Sophie était forte!
Mais mon lit est près de ma porte,
Et ma porte ne fermait pas.
Or, un Socrate en embuscade,
Voit ce tendron des mieux tournés,
Entre sans gêne, et, sous mon nez,
Il s'en fait un Alcibiade.

Au bruit que fit ce voisin là,
En emménageant dans son gite,
J'ouvre les yeux et je m'agite
Pour le précipiter de là.
Il s'y tient avec assurance,
Et ma belle me dit fort bien,
Que pour mettre en bas ce païen,
Elle avait trop de tolérance.

Après semblable trahison,
A qui veut-on que je me fie?
D'abjurer la philosophie
Notre grand siècle a bien raison.
O vous! qu'instruit une coquette,
Et qui l'aimez comme j'aimais,
Ne philosophez donc jamais,
Et baisez toujours en levrette.

PIERROT BELLE-QUEUE.

Air : Allant de la brune à la blonde.

Bien que ma mère en médise,
Soutenant qu'il n'est qu'un sot;
Pierrot me trouve à sa guise,
Je suis folle de Pierrot.
Je sais qu'il est un peu bête,
Mais outre qu'il se connaît,
Devant moi, quand il s'arrête,
Vite, il ôte son bonnet......
C'est qu'il est long,
Qu'il va droit comme un jonc
Jusqu'au fond;
Qu'il est bien à propos
Des plus gros......
C'est qu'il est bien honnête.

Pour danser, Dieu, quelle aisance!
Je suppute par mes doigts
Que Pierrot jamais en danse
Ne rentre moins de huit fois;
Mais du bal un jour de fête
Rien ne saurait l'arracher;
Jamais alors il n'arrête,
Pas même pour se moucher.....
C'est qu'il est long, etc.

D'un vieux duc et pair avare
La femme a, je crois, eu vent
Du mérite un peu trop rare
Que Pierrot met en avant.
Pour payer un tête à tête,
Elle a volé son grigou;
Moi, pour empêcher l'emplette,
Sous clé je tiens le bijou.....
C'est qu'il est long, etc.

Une dame surannée
Chère à tous nos beaux esprits,

Et qui brille à l'Athénée,
Pour Pierrot a le cœur pris.
Dans une ode elle s'apprête
A l'ériger en héros ;
Mais Pierrot n'est pas poète
Et bâille à tous ses grands mots.....
C'est qu'il est long, etc.

Un jour qu'il chantait l'office,
Près d'un bénitier banal,
Arrive dame Clarisse,
Cousine d'un cardinal.
Cette prude fut discrète
En disant son oraison
Et prit Pierrot par la tête
Croyant prendre un goupillon.
C'est qu'il est long, etc.

Lorsque des femmes si sages
Font tout pour me l'enlever,
J'ai de sinistres présages
De ce qui doit m'arriver.

Je crains qu'après une enquête
Nos Minerves de la cour
Ne l'obtiennent par requête,
Pour en tâter tour à tour.
 C'est qu'il est long,
Qu'il va droit comme un jonc
 Jusqu'au fond;
Qu'il est bien à propos
 Des plus gros.....
C'est qu'il est bien honnête.

LES COEURS VOLANS.

Air : Quelle est, quelle est bien !
Monseigneur, vous ne voyez rien.

LA MÈRE.

Ma fille, on dit qu'ils voleront
Un jour comme les hirondelles,
Que toujours en l'air ils seront,
Allant venant à tire-d'ailes.
Que ce miracle, grâce à Dieu,
Dans notre temps doit avoir lieu.

LA FILLE.

Maman, c'est fort bien,
Mais en l'air je n'aperçois rien.

LA MÈRE.

Ma fille, quand ils voleront,
Ouvrons vite porte et fenêtre ;
Partout, sans doute, ils percheront,

Et jusques sur ton nez, peut-être.
Il faut qu'alors, même en hiver,
Chez nous, la nuit, tout reste ouvert.

LA FILLE.

Maman, c'est fort bien,
Mais en l'air je n'aperçois rien.

LA MÈRE.

Ma fille, quand ils voleront,
Je gagerais que dans les rues,
Pluie ou vent, nos dames iront
Le cou tendu comme des grues;
Et c'est en vain qu'il tonnera
Quand un orage en abattra.

LA FILLE.

Maman, c'est fort bien,
Mais en l'air je n'aperçois rien.

LA MÈRE.

Ma fille, quand ils voleront,
Nous les choisirons au plumage.

Aux unes les blondins plairont.
Mais les bruns valent davantage.
D'ailleurs, que ce soit Pierre ou Paul,
On pourra les juger au vol.

LA FILLE.

Maman , c'est fort bien,
Mais en l'air je n'aperçois rien.

LA MÈRE.

Ma fille, quand ils voleront,
Les femmes iront à la chasse,
Et quand les jeunes en prendront,
Les vieilles feront la grimace.
Malheur à qui n'a pas le sou;
Les filets seront d'un prix fou.

LA FILLE.

Maman, c'est fort bien,
Mais en l'air je n'aperçois rien.

LA MÈRE.

Ma fille, quand ils voleront,

Bien des prudes à l'échappée
De bonne foi se pourvoiront,
Et les prendront à la pipée.
Puis feront porter dans Paris
La carnassière à leurs maris.

LA FILLE.

Maman, c'est fort bien,
Mais en l'air je n'aperçois rien.

LA MÈRE.

Ma fille, quand ils voleront
Nous en changerons sans obstacle;
Nos trébuchets toujours iront,
Et, pour compléter le miracle,
Sur le chasseur (tour singulier)
On verra tirer le gibier.

LA FILLE.

Maman, c'est fort bien,
Mais en l'air je n'aperçois rien.

L'ACTRICE DE L'OPÉRA,

OU

PLAINTE D'UN AMATEUR CONTRE UNE DANSEUSE QUI NE SAVAIT QUE DANSER.

AIR : Quand on va boire à l'écu.

Mademoiselle, on le saura,
Pour une actrice,
Oh! c'est par trop novice;
Mademoiselle on le saura,
Vous déshonorez l'Opéra.

Bien danser, et danser fort,
Un œil mutin, un beau port,
Une croupe qui ressort;
O temps! ô mœurs!
Sont chez vous des signes trompeurs.
Mademoiselle, etc.

Sur le dos nonchalemment
Vous recevez votre amant,
Pas le moindre mouvement;
        Autant, ma foi,
Sentir sa femme auprès de soi.
    Mademoiselle, etc.

Tous vos baisers sont contraints;
Mais remuez donc les reins :
Que faites-vous de vos mains?
        C'est enrageant,
On n'a plus rien pour son argent.
    Mademoiselle, etc.

Les femmes de nos bourgeois,
Et j'en eus vingt dans un mois,
M'auraient mieux servi cent fois;
        Et grâce aux dieux,
Même en province, on le fait mieux.
    Mademoiselle, etc.

Une duchesse à l'œil noir,

L'an passé voulut m'avoir ;
C'est elle qu'il fallait voir !
Pourquoi, morbleu,
Gagnai-je trop à si beau jeu.
Mademoiselle, etc.

De ce carquois sans attraits,
Je retire enfin mes traits,
Et vais calmer ici près,
Les feux constans
D'une dévote de trente ans.
Mademoiselle, on le saura,
Pour une actrice,
Oh! c'est par trop novice;
Mademoiselle, on le saura,
Vous déshonorez l'Opéra.

LES ARCHERS DE L'AMOUR.

AIR : Oh ! voilà la vie.

L'amour sur son trône,
Dit à ses sujets :
« Sans fixer à l'aune
« Le prix des objets,
« J'exige qu'on tende
« Mon arc tour à tour.
« Archers, que l'on bande,
« L'on bande,
« L'on bande;
« Archers, que l'on bande,
« Cette arme de l'amour.

« Montrez à ma mère
« Tout votre savoir,
« Elle va vous faire

« Tirer dans le noir.
« C'est moi qui commande
« Sans bruit ni tambour;
« Bien ferme qu'on bande,
« Qu'on bande,
« Qu'on bande ;
« Bien ferme qu'on bande
« Cette arme de l'amour. »

Lors parmi les vierges
S'avance un vieillard.
« Qu'on le passe aux verges, »
Dit Vénus à part :
« Qu'il soit de ma bande,
« Banni sans retour.
« Jamais il ne bande,
« Ne bande,
« Ne bande;
« Jamais il ne bande
« Cette arme de l'amour. »

Vient de Ganymède

Un amant damné,
Vénus crie à l'aide,
Se pince le nez,
Et dit : « Qu'il s'amende,
« Ou bien nuit et jour
« Sans tirer qu'il bande,
« Qu'il bande,
« Qu'il bande ;
« Sans tirer qu'il bande
« Cette arme de l'amour. »

Puis elle examine
L'arc et son ressort :
Sous sa main badine
Il se tend d'abord.
Sensible à l'offrande,
Vénus en retour
Fait tout pour qu'on bande,
Qu'on bande,
Qu'on bande ;
Fait tout pour qu'on bande
Cette arme de l'amour.

Elle est toute nue,
Étalant aux yeux
Sa croupe charnue,
Son sein merveilleux.
Une ardeur si grande
Enflamme sa cour,
Que partout l'on bande,
    L'on bande,
    L'on bande,
  Que partout l'on bande
Cette arme de l'amour.

A l'archer qui touche
Offrant un tribut,
Vénus qui se couche
Dit : « Voilà le but ;
« Que le trait s'y rende
« Droit ou par détour.
« Tout va dès qu'on bande,
    « Qu'on bande,
    « Qu'on bande ;
  « Tout va dès qu'on bande

« Cette arme de l'amour. »

Tous prenant le large
Font dix coups de plus.
« Dieux ! quelle décharge !
« S'écria Vénus ;
« Mais, je le demande,
« Par quel mauvais tour,
« Faut-il qu'on débande,
« Débande,
« Débande ;
« Faut-il qu'on débande
« Cette arme de l'amour ? »

SERMON D'UN CURÉ JANSÉNISTE.

AIR : Haut l'pied, gai, la faridondaine.

Hier nous dansions sur le pré,
Haut l'pied, gai ! vient notre curé,
Qui nous dit : Tous mes vins sont bus,
J'en suis aux roquilles.
Haut l'pied, gai ! jouez, mes bons drilles,
Gai, gai ! mais ne trichez plus.

A certain jeu, fort à mon gré,
Haut l'pied, gai ! dit notre curé,
Tricher est un horrible abus,
Même avec les filles.
Haut l'pied, gai ! jouez, mes bons drilles,
Gai, gai ! mais ne trichez plus.

C'est un coq bien dénaturé,

Haut l'pied, gai! dit notre curé,
Celui qui des œufs frais pondus
    Casse les coquilles;
Haut l'pied, gai! jouez, mes bons drilles,
Gai, gai! mais ne trichez plus.

Cet abus, jadis ignoré,
Haut l'pied, gai! dit notre curé,
Fait grand tort à mes revenus,
    Ainsi qu'aux familles,
Haut l'pied, gai! jouez, mes bons drilles,
Gai, gai! mais ne trichez plus.

De baptêmes je suis sevré,
Haut l'pied, gai! dit notre curé;
Pas plus de bâtards que d'élus,
Tout n'est que broutilles.
Haut l'pied, gai! jouez, mes bons drilles,
Gai, gai! mais ne trichez plus.

Dies iræ! Dies iræ!
Haut l'pied, gai! dit notre curé;

Que d'enfans morts sans oremus
Au pied des charmilles!
Haut l'pied, gai! jouez, mes bons drilles,
Gai, gai! mais ne trichez plus.

Oui, faites comme je ferai,
Haut l'pied, gai! dit notre curé,
Et j'aurai vieux vins, bons écus,
Et nièces gentilles.
Haut l'pied, gai! jouez, mes bons drilles,
Gai, gai! mais ne trichez plus.

LA GRANDE RIEUSE,

OU

LA FILLE INVIOLABLE.

AIR : Non, je n'irai plus au bois seulette.

J'aime que l'on soit sans souci,
Mais Nicole rit trop aussi.
Au bois je la rencontre un jour
Et lui déclare mon amour.
Payez-moi, dis-je, de retour,
Daignez vous attendrir,
Ou bien je vais mourir.
La voilà qui rit,
Mais elle rit,
Mais elle rit;
Ah! Nicolle,
Etes-vous folle?

La voilà qui rit,
Mais elle rit,
Mais elle rit;
Nicolle, perdez-vous l'esprit?

Croyant bien qu'elle m'agaçait,
Je mets la main dans son corset.
Je vais plus bas, sans la fâcher,
Et lorsqu'au but je crois toucher,
Sur l'herbe j'ose la coucher.
Nicolle, à ton vaiqueur,
Il faut ouvrir ton cœur!
La voilà, etc.

Il faut qu'en ton joli réduit
A l'instant je sois introduit.
Nicolle dit: l'on n'entre pas.
Je lui réponds, bel embarras,
J'ai la clé de ton cadenas.
A la forme qu'elle a,
Sens comme elle ira là.
La voilà, etc.

Cette clé va la mettre à bout,
Car c'est un vrai passe-partout.
Mais en vain, je fais l'homme adroit,
Je trouve, même pour le doigt,
Le trou de la serrure étroit.
Nicolle, il me paraît
Qu'elle ferme à secret.
La voilà, etc.

Riant toujours, Nicolle alors,
Me dit : tu fais de vains efforts;
Prêtres, docteurs et financiers,
Dragons, hussards et grenadiers
Ont ici flétri leurs lauriers.
Ma porte pour toujours
Est fermée aux amours.
La voilà, etc.

Oui, mon garçon, un dieu jaloux,
A fermé ma porte aux verroux;
Mon seul plaisir est d'attraper
Ceux qui chez moi viennent frapper.

Nicolle alors de s'échapper.
Et lorsque tout troublé,
Je resserre ma clé;
Je l'entends qui rit,
Mais elle rit,
Mais elle rit,
Ah! Nicolle,
Êtes-vous folle?
Je l'entends qui rit,
Mais elle rit,
Mais elle rit,
Nicolle, perdez-vous l'esprit?

UN MOT DE PLUS,

OU

LE SÉDUCTEUR INDÉCENT.

AIR : Le mai, le mai, le joli mois de mai.

Ivre de punch et plein d'ardeur,
De Lise, un soir, j'assiégeais la pudeur.
Sans froncer votre nez pointu,
Daignez, lui dis-je, entendre un impromptu.
On fait l'amour de cent manières;
Mais chantons les moins ordurières.
—Ah! dit Lison, vous devez le sentir,
Un mot de plus, monsieur, je vais sortir.

Un mot de plus! c'est qu'entre nous,
Puisqu'on les a, l'on doit suivre ses goûts;
Que j'aime assez de nos catins

L'heureuse adresse et les tours libertins;
Qu'il faut que la dame soit nue,
Que sa main partout s'insinue.
—Ah! dit Lison, peut-on plus mal agir?
Un mot de plus, monsieur, je vais rougir.

Un mot de plus! c'est qu'entre nous,
Tout est plaisir dessus comme dessous;
Qu'à l'aide du pivot mouvant,
Je vas, je viens, et derrière et devant;
Qu'il faut que servante ou princesse
Lutte de force et de souplesse.
—Ah! dit Lison, vous me faites souffrir,
Un mot de plus, monsieur, je vais mourir.

Un mot de plus! c'est qu'entre nous,
Plus nous limons, plus le jeu nous est doux;
Qu'à ce jeu là j'obtiens le prix;
Mais que tricher ne convient qu'aux maris;
Qu'il faut pour ne faire qu'une âme
Qu'ensemble l'on parte et se pâme.
—Ah! dit Lison, quel feu vient me trahir!

Un mot de plus, monsieur, je vais jouir.

Un mot de plus! c'est qu'entre nous,
Je te défais de tout voile jaloux.
Te voilà nue entre mes bras,
Voyons, Lison, comment tu t'y prendras.
Dieu! déjà mon affaire est faite;
C'est la fin de ma chansonnette.
—Ah! dit Lison, pourquoi sitôt finir!
Répète-là, je veux m'en souvenir.

LE LIT.

Air : Eh! lon lan la, que n'étais-je là.

Je n'ai, disait Lucrèce,
Qu'mon lit pour tout trésor,
Encor,
Tout qu'il vienne d'une princesse,
Ou d' quelqu' fille d'opéra
Comm'ça,
Mon lit cri'par-ci, mon lit craqu'par-là,
Eh! lon, lan la,
L'vilain lit qu'cest là.

Fi de la chicorée;
Du raisin je n'aim' pas trop
L'sirop;
D'café, peur d'être sevrée,
Faut que j'm'en donne diablement,

D'mouvement.
Mon lit cri', etc.

Un vieux qu'javais en vue,
Sans m'avertir, un soir,
Vient m'voir;
Il entend que je r'mue,
Ecoute et dit : j'en sais
Assez.
Son lit cri', etc.

J'suis bien loin d'être bégueule,
Mais j'crève, en vérité,
D'santé;
Aussi, quand je suis seule,
Et qu'certain mal trop grand
Me prend,
Mon lit cri', etc.

Quoique j'loge au cinquième,
L'portier n'entend-il pas
D'en bas.

L'voisin du quatrième
A frapper au plafond
S'morfond.
Mon lit cri' par-ci, mon lit craqu'par là,
Eh! lon lan la,
L'vilain lit qu'c'est là.

LE LIBERTIN AU RÉGIME.

Air : Eh! ma mère, est-c' que j'sais ça.

Vers la vieillesse j'avance,
Disait certain débauché ;
Il faut suivre l'ordonnance,
Mon médecin est fâché.
Je vais renoncer aux belles
Pour prolonger mes destins ;
Adieu donc, mesdemoiselles,
On me défend les catins.

Je sers une femme honnête,
Qui vante ses feux discrets,
Et soutient qu'au tête à tête
Elle trouve peu d'attraits.
Pourtant il faut qu'à la dame
Je dise un de ces matins :

Adieu donc, honnête femme,
On me défend les catins.

Rose me paraît novice,
Bien, dis-je, on la formera;
Elle n'entend rien au vice,
Mon régime lui plaira.
Mais Rose, par trop de zèle,
Montre des droits libertins;
Adieu donc, jeune pucelle,
On me défend les catins.

En vain Lucrèce vous jure
Qu'elle aurait plutôt péri,
Que, dans certaine aventure,
D'avoir trahi son mari.
Hier, j'ai de sa tendresse
Reçu des gages certains:
Adieu donc, chaste Lucrèce,
On me défend les catins.

Bon maris, vous que j'estime,

Désormais, sans nul effroi,
Pour adoucir mon régime,
Venez trinquer avec moi.
Messieurs, point d'humeurs jalouses,
Pour les succès que j'obtins.
Mes adieux à vos épouses,
On me défend les catins.

AMPHIGOURI.

Air du menuet d'Exaudet.

Pour un sou,
Par un trou,
Dans l'Averne,
A cheval sur son bâton,
Callot, au noir Pluton,
Faisait voir sa lanterne.

Mahomet,
Qui fumait,
D'un air garbe,
A ce spectacle plaisant,
Érouffe, en se faisant
La barbe.

Trop plein du vin qu'il se verse,
Caton veut se mettre en perce;

Dans son lit,
Qu'il salit,
Il meurt vite,
Et César sur son tombeau,
Fait jeter un seau d'eau
Bénite.

Dom Martin
Sur Catin
Monte en croupe,
Et rit d'un air papelard,
En voyant Abélard,
Plaindre un chat que l'on coupe.
Rabelais
Parle Anglais,
Au maroufle ;
Courant au nez de Callot,
Péter sur son fallot
Qu'il souffle.

LE PORTE-COTON DU ROI.

Air : V'la c' que c'est qu' d'aller au bois.

D'un roi qu'on désira, dit-on,
C'est moi qui suis porte-coton.
A la cour tenant bien ma place,
Je vois, quoi qu'il fasse,
Le roi face à face.
Français, honorez tous en moi
Le porte-coton du roi.

Mes honneurs, long-temps abolis,
Refleurissent avec les lis,
Au Louvre enfin, la bonne chère
De mon savoir-faire
Fait un ministère.
Français, honorez tous en moi
Le porte-coton du roi.

Un trône, où même on est porté,
Est un siége trop haut monté :
Sa Majesté, ne vous déplaise,
Bien plus à son aise
S'assied sur ma chaise.
Français, honorez tous en moi
Le porte-coton du roi.

Quand le coton nous manquera
(Et c'est quand Wellington voudra),
Qu'une charte que sans réserve
Personne n'observe,
De coton me serve.
Français, honorez tous en moi
Le porte-coton du roi.

Chez nous, j'en juge à ce qu'on fait,
La peur produit un grand effet.
En vain milord nous encourage,
Pour le moindre orage,
Je suis à l'ouvrage.
Français, honorez tous en moi

Le porte-coton du roi.

D'après le mal qu'on eut céans,
J'ai craint monseigneur d'Orléans;
Mais de coton faisant dépense,
Lui-même, je pense,
Eut mal à la panse.
Français, honorez tous en moi
Le porte-coton du roi.

Mais, grand Dieu ! ne voilà-t-il pas
Qu'au nom du roi des Pays-Bas,
Mon maître, qui respire à peine,
Tenant sa bedaine,
Près de moi se traîne!
Français, honorez tous en moi
Le porte-coton du roi.

Fils d'un vaurien dont les projets
Donnaient la colique aux Anglais,
Un autre petit personnage,
Malgré son bas âge,

M'accable d'ouvrage.
Français, honorez tous en moi
Le porte-coton du roi.

Devant moi si quelque suspect
Se bouchait le nez sans respect,
Que par clémence on le châtie;
Qu'il fasse partie
De quelque amnistie.
Français, honorez tous en moi
Le porte-coton du roi.

LE CHIEN DE SAINT ROCH,

OU

ÉLOGE DE L'ABBÉ CERBÈRE *.

Air : Monsieur l'abbé, où courez-vous ?

Saint Roch un jour dit dans les cieux :
Collègues, foin des envieux.
Il faut qu'on ne se fie,
En rien,
A la philosophie,
Vous m'entendez bien.

Vous êtes des Jean!.... c'est le mot.
Pour moi, je transforme aussitôt,
Par un secret magique,
Mon chien

* Cette chanson, faite contre un journaliste trop fameux : a été publiée en 1809.

En roquet satirique,
Vous m'entendez bien.

Sur son cul le chien se mettant,
Un coup de pied! zeste à l'instant
A Paris nous l'envoie
Eh bien!
Aussitôt il aboie,
Vous m'entendezbien.

Voltaire attaque aux sombres bords*
De Fréron, du diable et des morts,
Les préjugés sans nombre;
Le chien
Aboie après son ombre,
Vous m'entendez bien.

Nous philosophons *aux Français*,
Mais de peur qu'un jour de succès

*....Dans les royaumes sombres,
S'il est des préjugés, j'en guérirai les ombres.
VOLTAIRE. *Épit à Boileau.*

Satan ne nous emporte,
Le chien
Doit en garder la porte,
Vous m'entendez bien.

Gueule ouverte à ses ennemis,
Gueule ouverte à ses bons amis,
Il avale sans tordre,
Eh bien!
Et ne vit que de mordre,
Vous m'entendez bien.

Pour une actrice ayant sauté,
Aux amateurs il a vanté
Ses attraits et sa grâce,
Eh bien!
Il est son chien de chasse,
Vous m'entendez bien.

Auteurs qui voulez l'assommer,
Tout Paris peut vous affirmer
Qu'il court à son breuvage

Trop bien,
Pour qu'on craigne la rage,
Vous m'entendez bien.

O grand saint Roch! du haut des cieux,
Voyez comme on l'aime en tous lieux.
Sur un coffre il renifle,
Le chien,
Et partout on le siffle,
Vous m'entendez bien.

MANDEMENT

DES VICAIRES GÉNÉRAUX DE PARIS.

(MARS 1817.)

AIR : Allez voir à Saint-Cloud.

Pour le carême écoutez
Ce mandement, nos chers frères,
Et les grandes vérités
Que débitent nos vicaires.
Si l'on rit de ce morceau,
C'est la faute de Rousseau;
Si l'on nous siffle en chaire,
C'est la faute de Voltaire.

Tous nos maux nous sont venus
D'Arouet et de Jean-Jacques;
Satan qui les avait lus,
Ne faisait jamais ses Pâques;

Eve aima le fruit nouveau,
C'est la faute de Rousseau;
  Caïn tua son frère,
C'est la faute de Voltaire.

C'est pour réprimer jadis
La liberté de la presse,
Que Dieu, de son paradis,
Fit tomber l'eau vengeresse.
S'il a lâché beaucoup d'eau,
C'est la faute de Rousseau;
  S'il noie encor la terre,
C'est la faute de Voltaire.

Si tant de prélats mitrés,
Successeurs du bon saint Pierre,
Au paradis sont entrés
Par Sodôme et par Cythère.
De clefs s'ils ont un trousseau,
C'est la faute de Rousseau;
  S'ils entrent par derrière,
C'est la faute de Voltaire.

Borgia, jadis au public,
Vendait indulgence et bulle;
Il aurait, à ce trafic
Vendu jusques à sa mule.
S'il fut marchand de chapeau,
C'est la faute de Rousseau;
En Dieu s'il ne crut guère,
C'est la faute de Voltaire.

Si le premier des François
Servit Bellone et les belles,
S'il fut, malgré ses exploits,
Fort souvent trompé par elles,
S'il gagna certain bobo,
C'est la faute de Rousseau;
S'il gâta son affaire,
C'est la faute de Voltaire.

Si Charles neuf, roi dévot,
A tiré par sa fenêtre,
C'est que plus d'un huguenot
Avait fâché ce doux maître.

S'il fut un Néron nouveau,
C'est la faute de Rousseau;
S'il tenait de sa mère,
C'est la faute de Voltaire.

Si par Loyola formé,
Un monstre, au cerveau malade,
Poursuit un roi bien-aimé
Chanté dans la Henriade;
S'il le frappe d'un couteau,
C'est la faute de Rousseau;
A Jésus s'il croit plaire,
C'est la faute de Voltaire.

Louis quatorze autrefois
Fit ce que l'on fait à Nîmes.
Il rendit, malgré les lois,
Tous ses bâtards légitimes.
S'il prit Louvois pour bourreau,
C'est la faute de Rousseau;
S'il damna la Vallière,
C'est la faute de Voltaire.

Son neveu, le bon régent,
Aimait fort la paillardise,
Et choisit pour confident
Un des princes de l'Église.
Si Dubois fut son Bonneau,
C'est la faute de Rousseau;
S'il rend sa fille mère,
C'est la faute de Voltaire.

Afin d'apprendre aux enfans
Qu'ils sont nés pour être esclaves,
A leurs premiers mouvemens
On avait mis des entraves.
Si l'homme est libre au berceau,
C'est la faute de Rousseau;
Si la raison l'éclaire,
C'est la faute de Voltaire.

Dans le délai le plus court,
Qu'un grand abus se détruise.
Depuis la mort de Rarcourt,
Les acteurs vont à l'église.

Ils ont l'honneur du tombeau,
C'est la faute de Rousseau;
  Le curé les enterre,
C'est la faute de Voltaire.

Ces deux suppôts du démon
Font damner l'Église entière,
Cottret, notre Cicéron,
Couche avec sa cuisinière.
En a-t-il du fruit nouveau?
C'est la faute de Rousseau;
  Si Jeanne est son bréviaire,
C'est la faute de Voltaire.

Maréchal *in partibus*
Un duc a la renommée
De traiter mieux les abus
Qu'il n'a traité notre armée.
S'il enfle son bordereau,
C'est la faute de Rousseau;
  S'il sert bien l'Angleterre,
C'est la faute de Voltaire.

Pour avoir des gardiens sûrs,
On prodigue l'or aux Suisses;
Nos soldats ne sont pas purs,
On voit trop leurs cicatrices;
S'ils étaient à Waterloo,
C'est la faute de Rousseau;
  S'ils meurent de misère,
C'est la faute de Voltaire.

Laffitte aura beau crier
Sur le budget de la France,
Nous finirons par payer
Les excès et la bombance.
Ils ont tous l'estomac chaud,
C'est la faute de Rousseau;
  Rien ne les désaltère,
C'est la faute de Voltaire.

Tous nos *ultrà* dépités
Sont devenus sans-culottes,
Et tous, pour nos libertés,
Parlent à propos de bottes.

S'ils ont un masque nouveau,
C'est la faute de Rousseau;
Si l'on ne les croit guère,
C'est la faute de Voltaire.

Bonald, barbouilleur de lois,
Soutien des vieilles familles,
Au quai Voltaire est, par mois,
Payé sur l'argent des filles.
S'il y prend l'air du bureau,
C'est la faute de Rousseau;
Si sa prose est peu claire,
C'est la faute de Voltaire.

Tout ce que nous n'avions plus,
Nous espérons le reprendre,
Nous voulons nos biens vendus,
Et l'on veut encore les vendre.
Nos forêts sont à vau-l'eau;
C'est la faute de Rousseau;
Plus de fagots à faire,
C'est la faute de Voltaire.

Confessez-vous tous soudain,
Ou craignez notre vengeance;
Nous nous lassons à la fin
D'une longue tolérance.
On n'aime Dieu qu'*in petto*,
C'est la faute de Rousseau;
  Chacun a sa prière,
C'est la faute de Voltaire.

A ces causes, nos chers fils,
Dieu permet qu'on vous permette
De manger des salsifis,
Et des œufs à la mouillette.
Si vous mangez bœuf ou veau,
C'est la faute de Rousseau;
  Buvez-vous de l'eau claire?
C'est la faute de Voltaire.

SUR L'ÉVÉNEMENT DU JOUR*.

Air :

N'y a pas d'mouchard où c'que nous v'là,
Cadet, que dis-tu de c'tour là?
Sauver son mari! conviens-tu
Qu'c'est d'un'femme qu'a bien d'la vertu?
Moi, batelier d'la Guernouillère,
Quoique l'mariage ne m'tent'guère,
Ah! ah!
Je voudrais, oui dà,
Épouser un'comtesse comm'ça.

C'te femme là m'conviendrait beaucoup;
A sa santé buvons un coup.
Malade, mais n'se rebutant pas,
La pauv'mère y perd tous ses pas.

* 15 Décembre 1815, évasion de La Valette.

Pour son mari, d'puis une semaine,
Sur les g'noux on dit qu'ell'se traîne;
Ah! ah!
Je voudrais, oui dà,
Épouser un'comtesse comm'ça.

Sachant qu'à son mari, l'l'ndemain,
On doit fair'prendre un vilain ch'min,
Pour l'tirer d'prison tant bien qu'mal,
Ell' lui met sa robe et son schall...
Lui disant: Souviens-toi d'ton poste...
Pour aller plus vite, prends la poste.
Ah! ah!
Je voudrais, oui dà,
Épouser un'comtesse comm'ça.

Le roi, que c'beau trait za touché,
N'fait qu'semblant d'en être fâché;
Mais nos députés furibonds
En sont colèr'comme des dindons.
C'te femme-là f'ra crever d'rage
Tous ces p'tits seigneurs de village.

Ah ! ah !
Je voudrais, oui dà,
Épouser un'comtesse comm'ça.

Cadet, nous qui somm' gens d'honneur,
Buvons encore à son bonheur ;
Pour moi, qui babill'sans raison,
Et qui crains d'pourrir en prison,
D'même que ben d'autres du fond d' l'âme,
Je souhaitons un'pareille femme.
Ah ! ah !
Je voudrais, oui dà,
Épouser un'comtesse comm'ça.

FIN.

TABLE

DES MATIERES DU SUPPLÉMENT.

FIN DE LA TABLE.

Imprimerie de PETIT, rue Saint-Denis, n. 380.

www.ingramcontent.com/pod-product-compliance
Ingram Content Group UK Ltd.
Pitfield, Milton Keynes, MK11 3LW, UK
UKHW021142260726
13994UKWH00001B/254

9 782329 33